非対格動詞の受動化の
誤用はなぜ起こるのか

―*An accident was happened.* をめぐって―

佐藤　恭子　*Yasuko Sato*

溪水社

はしがき

　みなさんは「事故が起こった」を英語で言い表す時にどういった表現を使うでしょうか。*An accident was happened.* と言ったことはないでしょうか。正しくは *An accident happened.* ですが、どうして受身形を使ってしまうのかを考えたことはありますか。本書ではこのテーマについて、なぜこうした誤用が現れるのか、そこにはどんな要因が関わっているのかをこれまで行われた研究を振り返り、新しい実験データを提示しながら考えてみます。

　本書では受動文が適切ではない場合に使ってしまう、つまりあるルールがあると、それが当てはまらない場合にも使ってしまう「過剰般化」の現象を扱います。さて、皆さんはどのような場合に受動文を用いますか。受動文をいつ使うかを考える例として、日本語になじまないといわれている無生物主語を考えてみましょう。例えば、「何故そう考えたのですか」に相当する英語表現として *What made you think so?* があることを学んだと思います。確かに日本語にはこうした無生物を主語にする表現は少ないと言えます。私たちは無生物主語で文を書き始める時に、受身文を使ってしまうと感じることが多いのではないでしょうか。つまり、始めに挙げた例のように「事故が起こる」場合は、何らかの原因が頭に浮かび、「何かによって事故が引き起こされる」と考え、その結果、受身文を使うということが考えられるかもしれません。

　本書ではこの受動化の誤用というテーマについて、「非対格動詞」と呼ばれる動詞を中心に考えることにします。「非対格動詞」とは「自動詞」と呼ばれるものにあたりますが、もう少し詳しく見てみると、その振る舞いには特徴的なものがあり、習得が難しい動詞のグループであると考えられています。こうした動詞の習得研究をテーマに、研究上の実験デザイン

など具体的な手法も示しながら議論を進めて行きたいと思います。本書の一部は、筆者のこれまでの研究成果から構成されています。1章と3章の一部（3.4、3.5）及び4章は佐藤（2013a）、2章と3章の一部（3.3）は佐藤（2008）、5章は佐藤（2013b）に基づいています。英語学習者がどのように動詞を習得していくのか、その過程を考えるきっかけとして本書がお役にたてれば幸いです。

　最後になりましたが、出版に際しては溪水社の木村逸司社長と実際の作業にあたって頂いた木村斉子様に大変お世話になりました。ここに記してお礼申し上げます。

2015年3月

佐　藤　恭　子

目　次

はしがき …………………………………………………………… i

1. はじめに ………………………………………………………… 3

2. 非対格動詞とは ………………………………………………… 5
　2．1　意味役割と文法機能の結びつけ　6
　2．2　自動詞と他動詞の交替を示すマーカーの有無　7
　練習問題 …………………………………………………………… 10

3. これまでに行われてきた研究 ………………………………… 11
　3．1　Hirakawa（1995）　12
　3．2　Oshita（2000）　13
　3．3　Montrul（2000, 2001）　14
　3．4　Ju（2000）　18
　3．5　Kondo（2005）　22
　練習問題 …………………………………………………………… 24

4. 佐藤（2013a） ………………………………………………… 25
　4．1　実験方法　25
　4．2　グループ別結果　28
　4．3　語彙別結果　31
　4．4　考察　37
　4．5　まとめ　38

5．Ju（2000）の追実験 …………………………………………… 40
　5．1　仮説と実験参加者　40
　5．2　テスト文　41
　5．3　結果　43
　5．4　まとめ　47
　5．5　語彙別分析（自他両用）　47
　5．6　語彙別分析（自動詞のみ）　57
　5．7　考察　59

6．まとめ ……………………………………………………………… 61

　参考資料……………………………………………………………… 64
　参考文献……………………………………………………………… 71

非対格動詞の受動化の誤用はなぜ起こるのか

―*An accident was happened.* をめぐって―

1. はじめに

　本書では、日本人英語学習者による動詞の項を中心とした文の構造、言い換えると、項構造の習得に焦点を当て、その習得の実態と学習上の問題点を非対格動詞（unaccusative verbs）を中心に考えます。具体的には非対格動詞の受身化の誤用を取り上げ、先行研究を踏まえながら、新しい実験データを提示し、誤用が現れる背景には何がどのように関わっているのかを明らかにしたいと思います。

　文の構造は、動詞とその項（動詞と共に現れる要素）の数およびその意味役割（e.g. 動作主、対象等）に基づいて決まります。そして、それらの項がどのような文法範疇（e.g. 主語、目的語等）に現れるかを知らなければ、学習者は次の（1b）や（1c）といった誤文を作りだすことになります。

（1a）　John put an apple on the table.
（1b）　* John put on the table.
（1c）　* John put the table on an apple.

（1a）が正しい文ですが、（1b）は an apple という「主題」の項が欠けています。また（1c）では the table と an apple の 2 つの項が現れていることは正しいのですが、それらの文中での位置が間違っています。

　また、以下の（2a）、（2b）、（2c）で用いられている動詞は、人の感情を表す心理動詞と呼ばれるものですが、この動詞のグループは、同じ意味を表す語であっても（2a）と（2b）が示すように項の配置が異なることが分かります。つまり（2a）では「経験主」である John が主語に、（2b）ではそれが目的語の位置に現れています。こうした意味役割と文法機能への結びつけのルールが学習者にとって難解であることは、学習者によく見

られる（2c）のような誤用からも分かります。

 （2a） John likes tennis.
 （2b） Tennis pleases John.
 （2c） * John pleases tennis.

　さらに、本書で扱う非対格動詞について見てみると、（3a）では「主題」の項である the door が主語に、（3b）では目的語に現れています。

 （3a） The door opened.
 （3b） John opened the door.

こうしたルールを学習者はどのように学ぶのでしょうか。まず非対格動詞とはどのような動詞なのかを次章で見ていきます。

2. 非対格動詞とは

　非対格動詞とは自動詞の下位分類の一つで、D 構造において目的語を持っているが主語は持たないと考えられている動詞のグループです。伝統的に、自動詞は他動詞と異なり目的語を取らないとされていますが、生成文法においては、自動詞の中にも D 構造において目的語を有するものがあるという考え方があります。これは「非対格仮説」(the Unaccusative Hypothesis: Perlmutter, 1978; Burzio, 1986) と呼ばれ、その仮説によれば自動詞は次例の (4a) の非能格動詞と、(4b) の非対格動詞 (e.g. dry, happen, occur, open, etc.) に大別されます。

(4)　a. John worked.（非能格動詞）
　　　b. An accident happened.（非対格動詞）
　　　c. An accident $_i$ [$_{VP}$ happened t$_i$]

　(4a) と (4b) は、それぞれ非能格動詞と非対格動詞の例ですが、ともに S 構造において S+V の語順を保っています。しかし (4c) が示すように、非対格動詞では、その S 構造の主語は D 構造の目的語が主語の位置へ移動した結果、現れたものであると考えられています。
　また非対格動詞には、自動詞と他動詞の両方の用法を持つものがあります。例えば、roll を例にとると (5a)、(5b) では主題項の the ball が、それぞれ「目的語」と「主語」の位置に現れていますが、(5b) の D 構造においては the ball は (5a) と同様に目的語の位置にあり、それが主語へと移動したものと考えます。

(5) a. John rolled the ball.
　　　<agent>　　　<theme>

　　 b. The ball rolled.
　　　<theme>

　目的語が主語の位置に移動するというと、皆さんが思いだすのは、能動文から受動文を作る時のプロセスではないでしょうか。そしてその移動の時にはbe動詞＋過去分詞を伴うということも思い出すでしょう。実は非対格動詞も表面には現れてはいませんが、元々目的語の位置にあったものが主語の位置に移動して、（4b）や（5b）の文として現れてくるということです。ただしこの時には、その移動を示すマークが何もないことも気づいておきましょう。

2.1　意味役割と文法機能の結びつけ

　（5b）の非対格動詞の主語は、元は目的語の位置にあったとする主張は、意味役割（e.g. agent, theme, etc.）と文法機能（e.g. subject, object, etc.）の結び付けに関する仮説であるUTAH（The Uniformity of Theta Assignment Hypothesis:「主題役付与同一性仮説」Baker, 1988）に従っていると言えます。UTAHによれば、同一の主題関係役割を持つ語彙項目はD構造において同一の構造関係を持つものとして表示されます。

　この意味役割と統語位置のリンキングをさらに詳細に規定するものとして、「意味役割の階層性（the Thematic Hierarchy）」があります（e.g. Baker 1989; Jackendoff 1990）。例えばJackendoff (1990) は、（6）のような意味役割の階層性を提案しています。

（6）　Agent > Patient/Beneficiary > Theme > Location, Source, Goal

(6)は、示された階層において、より高い位置にある意味役割を担う項が統語的により高い位置へと配置されることを意味しています。これに従えば、例えば先の(5a)の他動詞文では、この階層において最も高い位置にある動作主が統語的に最も高い位置にある主語に配置されており、階層に従った基本的なリンキング(basic linking)であると言えます。これに対して、(5b)の自動詞文は動作主よりも階層上で低い位置にある「主題」が主語に来ている点で派生的なリンキング(derived linking)であると言えます。もし学習者が普遍文法の原理の一つである「意味役割の階層性」に影響されるとすれば、(5b)の自動詞文の方が(5a)の他動詞文よりも困難であると予想されます。

2.2 自動詞と他動詞の交替を示すマーカーの有無

次に日英語の比較から、非対格動詞がなぜ難しいのかを考えてみます。例えば次例(7a)と(8a)の「閉める」-「閉まる」のように、日本語では自他の交替が明示的に示されます。

(7) a. John   ga   doa   o   shim-e-ru
       John   NOM   door   ACC   close-CAUS-PRES
   b. 'John closes the door.'

(8) a. doa   ga   shim-a-ru
      door   NOM   close-INCH-PRES
   b. 'The door closes.'

日本語の自動詞と他動詞のペアを示す接辞のパターンには複雑なものがありますが、Shibatani (1990)を基に表1にまとめてみました。

表1：日本語の自動詞と他動詞の形態上のパターン

形態上のパターン	自動詞	他動詞	英語
（1） -ar- / -e-	hirom-ar-u	hirom-e-ru	spread
	hajim-ar-u	hajim-e-ru	begin
	shim-ar-u	shim-e-ru	close
	tom-ar-u	tom-e-ru	stop
（2） -φ- / -e-	ak-u	ak-e-ru	open
	sizum-u	sizum-e-ru	dissolve
	tsuzuk-u	tsuzuk-e-ru	continue
	ukab-u	ukab-e-ru	float
（3） -φ- / -as-	kawak-u	kawak-as-u	dry
	koor-u	koor-as-u	freeze
	kusar-u	kusar-as-u	spoil
	wak-u	wak-as-u	boil
（4） -e- / -φ-	sak-e-ru	sak-u	split
	war-e-ru	war-u	break
	yak-e-ru	yak-u	burn
	yabur-e-ru	yabur-u	break

日本語ではこのような接辞以外に、以下のように受身や自発を表す接辞があります。

(9) a. John no　　nikki ga　　haha　　ni　yom-are-ta.
　　　 John GEN　diary NOM　mother　by　read-PASS-PAST
　b. 'John's diary was read by his mother.'

(10) a. Kono hon wa　　kantan'ni　　yom-e-ru.
　　　 this book TOP　easily　　　　read-POT-PRES
　b. 'This book reads easily.'

(9a)や(10a)の日本語の受動文や自発の文に対応する英語を見てみると、

（9b）ではwas readというbe動詞＋過去分詞形が、能動文の目的語が主語の位置に動いたことを示すマーカーとして機能していることが分かります。一方（10b）ではそうした目的語から主語の位置への移動を示すマーカーがありません。

　先に見た（7b）や（8b）が示すように、英語の自動詞、他動詞の多くはどちらも同形であり、自他交替を表すマーカーがありません。この点において、受動文とは大きく異なり、自動詞と他動詞の違いが接辞によって示される日本語を母語とする英語学習者にとって、英語の非対格動詞は習得するのが難しいと予想されます。

練習問題
（1） 表1のように、日本語の自動詞と他動詞のペアを探して分類してみましょう。表にないパターンがあれば、それも挙げてみましょう。

（2） 英語の自動詞と他動詞のペアのうち、日本語のようにその形態が異なるものを探してみましょう。

3．これまでに行われてきた研究

　非対格動詞の受身化の誤用については、学習者は非対格動詞の自動詞文（e.g. *An accident happened.*）を正しい文であるとして容認できない、受身文（e.g. **An accident was happened.*）を正しい文であると判断する、自動詞と他動詞の対応のあるグループでは、自動詞文が適切な文脈においても受身文を好むといった点が報告されています。これまでの研究を振り返る際に、ここでは日本人英語学習者を対象にした研究を中心にみてみます。例えば Hirakawa（1995）では、日本人学習者が非能格動詞と非対格動詞を区別できているかどうかを検証し、非対格動詞のうち自動詞と他動詞のペアを持つグループが難しいことを示しました。また自動詞文を間違った文であるとして拒絶する傾向があることも分かりました。Oshita（1997, 2000）では、誤用の原因について5つの仮説を検証し、最終的に名詞句（NP）の移動に関する観点からの仮説を打ち立てました。

　また英語では自動詞と他動詞の交替を示すマーカーが無いのに対し、母語では形態論上明示的なマーカーがある母語を持つ学習者に着目し、その母語の影響を考えた研究に Montrul（2000, 2001）があります。さらに Ju（2000）は同じ動詞のグループでも、語彙によって難しさの違いがあることに着目し、統語的観点からの分析では説明できないとし、語彙使役化の観点から考察を加えました。そして、動詞によって表される出来事に使役主の存在がどの程度想定されるのかが、受動化とどう関わっているかを調べました。さらに Kondo（2005）は、Ju（2000）のテスト文を一部修正し、その追実験を行いました。以下で、順にこれら先行研究を概観することにします。

3.1　Hirakawa (1995)

　この研究は日本人英語学習者（中級レベル）を対象に行われたものです。その目的は、学習者は非対格動詞と非能格動詞をどのように区別しているのかを調べることでした。用いられた動詞は自動詞・他動詞両用のタイプ（e.g. melt, break）、自動詞用法のみのタイプ（e.g. appear, die）、非能格動詞（e.g. sing, cry）、中間動詞（e.g. wash, read）そして一般的な他動詞（e.g. hit, cut）の5つの動詞のグループです。実験の一つ目は、文完成タスクで、学習者に自他両用の動詞について、自動詞構文のみが容認される文脈を与え、与えられた動詞を適切な形にして、文を正しく完成する問題が出されました。その結果、学習者は自動詞用法のみの非対格動詞、非能格動詞、一般的な他動詞の受動文については正しい文を作りました。中間動詞については、能動文が正しいはずなのに、受動文を用いました。自他両方の非対格動詞については、6つの動詞のうち3つについて、受け身形を用いる誤りが見られました。それらの動詞は break（11人中5人、）と spill（11人中3人）と dry（11人中5人）でした。学習者は *All of the snow melted.* が用いられるはずのところを、与えられた文脈に関わらず *All of the snow was melted.* と表現しました。自動詞用法のみの動詞については、先行研究の結果（e.g. Balcom 1997; Yip 1995; Zobl 1989）と異なり、受動文の誤用は見られませんでした。

　同じ動詞がもう一つのテストの文法性判断テストでも、用いられました。このテストでは、文脈として自他両方の動詞については、自動詞のみが容認される状況を与えました。結果として、自動詞のみの動詞のグループより自他両用の動詞のグループについて、学習者は受身文を誤って容認する傾向が見られました。また中間構文は与えられた動詞のグループのうち最も正しくない文であると判断されました。

　さらに学習者は自動詞の受身文を誤文であると判断できなかったことも示されました（**Jane was fallen down. / *Bill was cried.*）。こうした結果から Hirakawa は、学習者にとって問題となる動詞は、日本語において

自他の対応のある動詞のグループ（e.g. 倒れる－倒す、泣く－泣かす等）であるとしました。一方で誤用の受身文を正しい文であると考えている学習者が、その動詞を他動詞であると考えているわけでもないことも明らかになりました。

3.2　Oshita（2000）

　Oshita（2000）は非対格動詞の受身の誤用に対する説明として、名詞句移動の観点から考察を加え、「名詞句移動説」を主張しています。調査方法として「ロングマン学習者コーパス」を用いて、これまでの先行研究で報告されたデータを検証しています。自動詞用法のみの 10 の非対格動詞（appear, arise, arrive, die, disappear, exist, fall, happen, occur, rise）と、10 の非能格動詞（cough, cry, dance, joke, laugh, shout, smile, speak, talk, walk）を調査対象にし、それらを 10 の構文ごとに分類しました。本書のテーマである非対格動詞がその 10 の構文で使われた例は全部で 941 例あり、そのうちの誤用が最も多く現れた構文は、名詞句＋be 動詞＋過去分詞のパターンでした（e.g. *Three boys were arrived.）。そしてこの結果から、誤用の受動文では目的語にある名詞句が主語の位置に現れていることが示されました。そして、Oshita は受動態を示す be 動詞＋過去分詞が、名詞句が目的語から主語の位置へと移動するマーカーであると学習者に捉えられていると考えました。言い換えると、学習者は、能動文から受動文への変換の規則を非対格動詞に同じ様に当てはめていると論じています。これから推測できることとして、学習者は be 動詞＋過去分詞のマーカーがなければ、目的語を主語の位置に移動することは出来ないというルールを立てていると考えられます。

　では次に形態論的観点から、母語における形態論上の影響について検証した研究（Montrul 2000, 2001）を見てみます。2 章の表 1 で見たように、日本語では、shim-e-ru / shim-a-ru のように明示的な接辞で自他の区別をしているという点で、自他同形の英語の非対格動詞を習得する際には、

特に形態上の母語の影響は大きいと考えられます。次節で形態論上の母語の影響を調査した Montrul（2000, 2001）について詳しく見てみることにしましょう。

3.3　Montrul（2000, 2001）

　Montrul（2000, 2001）は、スペイン語、トルコ語、英語を第二言語とする学習者について、非対格動詞の自他交替の習得に、普遍文法（Universal Grammar:UG）と母語の影響が関わっていることを指摘しました。そしてその2要因は、関連しながら機能しているのではなく、母語は形態論のレベルにおいてのみ、モジュールとして単独で機能する（modular view of transfer）と結論付けました。Montrul（2000, 2001）では、3つの言語をそれぞれ第二言語とした3つの実験がなされていますが、本書と同じく英語を第二言語とした実験結果をここでは示すことにします。

　実験参加者の母語の影響を考えるため、次の表2で、スペイン語とトルコ語の自他交替のマーカーの関係を示します。表2では、英語は自動詞と他動詞を互いを区別するマーカーが無いので、そのことを、それぞれ -anticausative と -causative で表しています。スペイン語では、自動詞であることを示すマーカーがある（+anticausative）が、他動詞であることを示すマーカーが無い（-causative）ことを示しています。トルコ語ではその関係はやや複雑で二つのグループがあり、最初のグループは自動詞のマーカーを持ち、もう一方のグループは他動詞のマーカーを持っていることを表しています。

表2　英語、スペイン語、トルコ語の自他交替のマーカーの有無

英語	スペイン語	トルコ語
-anticausative -causative	+anticausative -causative （例文（11））	グループ①（例文（12）） +anticausative -causative (e.g. break, close, open)
		グループ②（例文（13）） -anticausative +causative (e.g. melt, sink)

-anticausative:　自動詞のマーカーが無いことを示す。
+anticausative:　自動詞のマーカーが有ることを示す。
-causative:　　　他動詞のマーカーが無いことを示す。
+causative:　　　他動詞のマーカーが有ることを示す。

(11a)、(11b)はそれぞれ、スペイン語の他動詞文と自動詞文ですが、(11b)の自動詞文では、英語の broke にあたる動詞 rompio の前に自動詞のマーカー（+anticausative）の se が現れています。

(11)　a. El ladron rompio la ventana.
　　　　'The thief broke the window.'

　　　b. La ventana　se　rompio.
　　　　'The window　broke.'

(Montrul 2001: 149)

一方、トルコ語の場合は英語やスペイン語、日本語と異なり、動詞によって自動詞、他動詞どちらのマーカーがつくかが異なります。例えば、(12a)から分かるように、英語の break にあたる動詞 kır は、他動詞の接辞を必要としませんが（-causative）、(12b)が示すように自動詞の接辞 ıl が必要となります（+anticausative）。

3．これまでに行われてきた研究　　15

(12) a. Hirsiz   pencere-yi   kir-di.
       thief   window-ACC   break-past
       'The thief broke the window.'

   b. Pencere   kir-il-di.
      window   break-pass-past
      'The window broke.'

(Montrul 2001: 149)

一方（13a）が示すように、英語の sink にあたる動詞 bat は、自動詞の接辞は必要ありませんが（-anticausative）、(13b) に見られるように他動詞の接辞 ir を必要とします（+causative）。

(13) a. Gemi   bat-mis.
      ship   sink-past
      'The ship sank.'

   b. Dusman   gemi-yi   bat-ir-mis.
      enemy   ship-ACC   sink-CAUS-past
      'The enemy sank one ship/made the ship sink.'

(Montrul 2001: 149)

　実験では5つの動詞（break、close、open、melt, sink）が用いられました。その結果、スペイン語母語話者は母語の影響を受け、マーカーのない英語の自動詞文を正しいと容認できませんでした。トルコ語話者は自動詞の接辞を持つ動詞（break, close, open）のグループについては、スペイン語話者と同様に、マーカーを持たない英語の自動詞文を正しいと容認できませんでした。一方、他動詞の接辞を持つ動詞（melt, sink）のグループにつ

いては、仮説と異なる結果が現れました。仮説では、自動詞の場合と同様に、トルコ語話者は母語の影響を受けて、マーカーを持たない英語の他動詞文を容認しないとされましたが、仮説とは異なる結果となり、マーカーの無い他動詞文を正しく容認しました。

　この結果を Montrul は、学習者が項構造のレベルにおいて UG に従っていることを示す証拠であると解釈しました。2．1で私たちは、意味役割と統語位置のリンキングについて、「意味役割の階層性」を考えました。この階層性に従えば動作主が統語的に最も高い位置にある主語に配置されているものは、基本的なリンキングで、動作主より階層上、低い位置の主題が主語に来ている自動詞文は派生的なリンキングです。この実験結果から、基本的なリンキングに従っている他動詞文は、母語の影響を受けること無く、派生的なリンキングの自動詞文より学習者にとっては問題がなく、その結果、正しく容認されたと解釈しました。

　しかし、仮説と異なるこの結果について、違った角度から説明を与えることもできると思われます。トルコ語は日本語と違い、自動詞、他動詞のペアのどちらか一方に接辞がつくことによりお互いを区別しています。日本語のように自動詞と他動詞それぞれが接辞を持っている点と異なります。母語の影響が英語の他動詞文の容認に現れなかったのは、今回の実験で扱った2つの動詞（melt, sink）だけを考えるとそうかもしれませんが、トルコ語では、自動詞の接辞を持つ動詞の場合は、それが他動詞として用いられる場合にはそのことを示す接辞がありません（表2のグループ①）。言い換えれば、学習者がマーカーのない他動詞文を見た時に、母語の自動詞と他動詞の交替の2つのパターンのうち、どちらの影響を受けているのかが決定できないことになり、母語の影響も完全には否定できないと思われます。この点で、Montrul（2000, 2001）は、まだ問題の解明には至っていないと考えられます。

　では最後に語彙使役化の観点からの研究である Ju（2000）とその追実験をした Kondo（2005）を見ておきましょう。本書もこの立場に立って

議論を進めます。Ju（2000）では、文脈における使役主の存在が、受動化の問題とどう関わっているかを調べました。そして動詞が使われる文脈に使役主が想定される場合とそうでない場合とで、どのように受動化の誤用が影響されるかを検証しました。

3.4 Ju (2000)

この実験には35名の上級レベルの英語力を持つ中国語母語話者が参加しています。Juによれば中国語の非対格動詞の自動詞文は、日本語等とは異なり接辞や受身形を用いて表されることが無く、その意味で英語と非常に似ているということです。この点で、実験の結果に母語の影響が表れないと想定できることから、中国語母語話者を実験参加者に選んだとしています。

用いられたテストは与えられた文脈において、能動文と受動文のどちらが適切かを選ばせる二者択一形式です。これまでの先行研究では、文法性判断テストがよく用いられており、文の文法性を連続した数値により求めることが多いですが、この研究では、実験の目的が数値による段階的な文法性の度合いを問うことではないため、二者択一形式のテスト形式が実験手法として適切であるとしています。実験で用いられたテスト文の例を以下に示します。

(14)　Heavy trucks put more and more pressure on the bridge.
　　　　　　　　　　　　　　　　　　　　　　（Externally caused）
　　　　It (broke / was broken) gradually.　　　　　（Ju 2000:96）

(15)　The wooden bridge was very old.　　（Internally caused）
　　　　It (broke / was broken) gradually.　　　　　（Ju 2000:96）

例（14）、（15）において、それぞれ最初の文は2番目のテスト文が使わ

れる状況を示しています。例えば、(14) では、「橋がこわれた」原因は外的なものによる (externally caused) として heavy trucks が使役主として想定される状況を与えています。そして学習者がその文脈の影響を受け、受身文を選ぶ傾向がより強く表れるのではないかについて調べました。一方 (15) では、「木の橋はとても古くなっていた」という文脈から「その木の橋が（自然と）壊れた」(internally caused) と理解される状況が与えられています。学習者は、使役主の存在が示されていない文脈に影響され、受動文より自動詞文を選ぶ傾向がより強く表れるとの予測をたて、これを調べました。

テスト文には、受身文が状態を示していると解釈されないように、gradually の他に quickly、immediately 等の副詞が用いられました。また有生性 (animacy) の影響が出ないように、使役主は全てのテスト文で無生物主語を用いています (e.g. heavy trucks)。この研究では、用いられた非対格動詞のテスト文は文脈の違いに関わらず、英語母語話者がすべて能動文が適切として選んだため、受身文を選んだ場合は間違いであるとされました。

実験では、非対格動詞のうち自動詞と他動詞の両方の用法を持つグループ (e.g. close, break, freeze, etc.) の13種類と自動詞のみの用法を持つグループ (e.g. appear, die, etc.) の5種類を用いています。これらの動詞を選んだ理由は、先行研究の Yip (1995) と Oshita (1997) から、受身化の誤用が頻繁に見られる動詞であるとしています。

この実験で、設定された仮説は2点です。

①学習者は使役主が想定される文脈において、自動詞文よりも受動文を好むだろう。
②非対格動詞の2種類（自動詞と他動詞の両用・自動詞のみ）のグループ間において、受動文を選ぶ度合いが異なるだろう。

実験の結果、①の仮説は確かめられましたが、②については他動詞用法を持つグループと持たないグループとの間には差が見られませんでした。①の点については、学習者は使役主の存在を示す文脈に影響を受け、受身文を誤って容認する傾向があることが示されました。これによって、Juは認知的要因が非対格動詞の受動化に関わっていると主張しました。つまり文脈の影響によって、学習者が使役主の存在を意識する度合いが異なるという認知的な要素が関わっていると考えました。この想定される使役主を Ju（2000）は、「認知可能な使役主（conceptualizable agent）」と呼びました。

　これまで受身化の誤用に対する説明は、3．2で見たように「名詞句移動説」（Oshita 2000 等）があります。これは統語的な立場からの説明ですが、これに対して、「語彙使役化説」（Yip 1995 等）という考え方が一方であります。この説明によれば、学習者は非対格動詞を他動詞であると捉え、その結果受動化のルールを当てはめてしまうというものです。Ju（2000）は、同じ非対格動詞と言っても語彙によって受動化される度合いに違いがあることから、「名詞句移動説」では説明がつかないことを指摘しました。そして「語彙使役化説」の立場に立ち、その際に文脈における使役主の存在の意識化という「認知的要因」の影響を示しました。Ju（2000）で得られた結果から、受動化されやすい順番に、close、break、freeze、dry、bounce、melt、change、roll、sink、drop、turn、decrease、grow となりました。最も受動化されやすかった close、break と最も受動化されにくかった decrease、grow は、それぞれ使役主の想定されやすい外発的要因と、想定されにくい内発的要因によって引き起こされる典型的な出来事の例であるとしています。そして、そのことを「出来事が引き起こされる際の直接性の程度が異なる（'different degrees of directness in the causation of events'）（Ju 2000:103）」と述べています。確かに何かを壊したりすることと、何かを成長させることを比べると、後者の場合には、使役主の意図通りにならないプロセス（'uncontrollable process of growing'（Ju

2000:103))が関わっていることは理解できるところです。

　しかしながらこの実験において問題となる点も見られます。この実験で非対格動詞については、受身文はすべて間違いであるとしたネイティブスピーカーの判断に基づいていますが、実際にはその判断に迷うものもあったと思われます。例えば、使役主の想定されやすい外発的文脈において、受身文が選ばれた割合が一番多かったのが close ですが、それが用いられた文脈の例（16）では「ドアを閉めた私」が使役主と考えられ、その結果、受身文を選ぶ可能性は非常に高いと思われます。実験参加者も受身文の方が文脈上適切であると考えたのでないかと考えられます。しかしこの文脈においても英語母語話者は能動文を選ぶとして、受身文は誤りであるとしています。

　　（16）　I pushed the door.
　　　　　　The door (closed / was closed) immediately.　　　(Ju 2000:110)

実際、Ju（2000:101）もこの認知的要因に対して、どんな出来事でもまったく外発的な要因を想定できないものはないと考えています。内発的な要因で引き起こされたと思われる出来事さえ、それを引き起こす要因があるかもしれないと述べています。そして最終的に与えられた文がどのように解釈されるかは、解釈者本人によるとしています。このように考えると、この「認知的要因」というものは、「語彙使役化説」とは異なるレベルでの議論かもしれません。あくまで Ju（2000）の主張である「文脈における使役主の想定の有無」とは動詞を他動詞と捉えているかどうかという点で、「語彙使役化説」と考えられます。山川（2008:56）が指摘している様に、「認知的要因」とは「言語運用時の要因」であると捉える方が説得力があるように感じます。

3.5 Kondo (2005)

　Kondo (2005) は、Ju (2000) の検証を行ったものです。ただし先で見た様に Ju (2000) のテスト文について判断が迷うものがあったため、その点を改良して文脈を一部修正しています。実験参加者は日本語を母語とする英語学習者 13 名とスペイン語を母語とする英語学習者 7 名で、どちらのグループも英国の大学の学部及び大学院の学生です。さらに英語母語話者 5 名も参加しました。用いた動詞の数は Ju (2000) では両者のグループが同じ語彙数ではありませんでしたが、この研究ではほぼ同数にして、自動詞と他動詞の両方の用法を持つグループ 6 種類（e.g. change, melt, close, dry, freeze, collapse）と自動詞のみの用法を持つグループ 5 種類（e.g. disappear, emerge, vanish, die, appear）です。その他に非能格動詞 10 種類（jump, walk, etc.）を含めています。また文脈の提示方法に修正を加えました。それは先に挙げた例 (16) のように、「ドアが閉まった」のは使役主の動作の結果ではないことを示すために、文に by itself や on its own を用いて自発的な行為であることを明示的に示しています。

　実験の仮説としては、以下の 3 つが設定されました。①と②は Ju (2000) の仮説と同じです。

①学習者は使役主が想定される文脈において、自動詞文よりも受動文を好むだろう。
②非対格動詞の 2 種類のグループ間において、受動文を選ぶ度合いが異なるだろう。
③非能格動詞よりも、非対格動詞の方が受動化されやすいだろう。

　実験の結果、仮説通りの結果が得られたのは③のみでした。②についてはスペイン語を母語とする学習者についてのみ検証ができ、自他の対応のある動詞グループにおいて受動文をより多く選んだという結果が得られましたが、日本人学習者にはグループ間の差は確認できませんでした。①に

ついては、Ju（2000）と異なり、仮説は確かめられませんでした。

　この結果の①について Kondo（2005）は、Ju（2000）で用いられたテスト文の文脈が、明確に学習者に伝わらなかったのではと論じています。つまり使役主の存在の有無を明示的に示す認知的要因が作用しなかったと解釈しています。③については、非対格動詞において、自他の対応のあるグループで、語彙間の違いが見られました。この傾向はスペイン語母語話者と日本人母語話者両者に見られた傾向でした。スペイン語母語話者は、受動化の誤用が多い順に、close、dry、freeze、melt、collapse、change となり、日本人母語話者については、freeze、dry、close、collapse、melt、change となりました。また日本人母語話者については、自他の対応のないグループの動詞についても語彙間の差が見られ、受動化の誤用の多い順に、vanish、emerge、disappear、appear、die となりました。

　このように、非対格動詞の語彙ごとに受動化の度合いが異なる点が、2つの実験から示されました。この点は統語的な説明では明らかにされなかった点であり、詳しく見る必要があると思われます。また今後検証する点として、先行研究からは一致した結果がまだ得られていない「認知的要因」の影響です。実験の手法として使役主の文脈の有無を想定させる方法に難しさがあることが分かります。そこで、佐藤（2013a）では、先行研究で示された実験上の問題点を解消するために、文脈提示を文ではなく、絵によってより直接的に、分かりやすく伝える方法を考えました。次章でその実験について詳しく述べます。

練習問題

（1） 英語学習者の誤用にはどのようなものがあるか、英語学習者のコーパスを探して、その誤用の実態を調べてみましょう。

（2） happen の類義語にはどのようなものがあるか、その主語にはどういった名詞がくるかを色々なコーパスを用いて調べてみましょう。

4．佐藤（2013a）

4．1．実験方法

　実験参加者は日本人大学生で、その英語力は TOEIC によって測定しました。その得点を基に、中位グループ（TOEIC 平均点：425.5 点）19 人と下位グループ（TOEIC 平均点：316.2 点）19 人に分けました。2 つのグループ間の点数には、有意な差が見られ（$p<.05$）、異なる学力を持つグループとされました。

　用いた語彙は、非対格動詞 8 種類（break, boil, burn, close, drop, dry, melt, open）と非能格動詞 4 種類（cry, fly, smile, run）で、それぞれを自動詞文（S+V 文）と受動文で提示しました。非対格動詞については、それぞれの文を 2 種類の文脈（使役主有りと無しの文脈）で用いました（以下の①から④）。また非能格動詞については、使役主無しの文脈での受身文（⑤）と自動詞文（S+V 文）（⑥）の 2 種類を提示しました。テスト文は、全部で 40 の文から構成されています。

　　①非対格動詞（S+V 文：使役主無し）8 つの文
　＊②非対格動詞（S+V 文：使役主有り）（非文）8 つの文
　＊③非対格動詞（受身文：使役主無し）（非文）8 つの文
　　④非対格動詞（受身文：使役主有り）8 つの文
　＊⑤非能格動詞（受身文：使役主無し）（非文）4 つの文
　　⑥非能格動詞（S+V 文：使役主無し）4 つの文

　実験ではテスト文が用いられる文脈を、文ではなく絵で直接的に学習者に分かるように提示しました（資料参照）。そして、それぞれの文の容認度を「正しい（2 点）」、「どちらかと言えば正しい（1 点）」、「分からない

(0点)」、「どちらかと言えば正しくない（−1点）」、「正しくない（−2点）」の5段階で示すように指示を出しました。学習者が文の容認度を正確に判断していれば、文法的な文には2点、非文には−2点が与えられることになります。では、①〜⑥のそれぞれのテスト文の例を、以下に（17）〜（22）として示します。

(17) ① The ice cream melted. （非対格動詞　S+V 文：使役主無し）

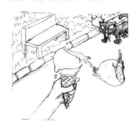

(18) ② *The snowman melted.
　　　　　　　　　　　　（非対格動詞　S+V 文：使役主有り）（非文）

(19) ③ *The ice cream was melted.

（非対格動詞　受身文：使役主無し）（非文）

(20) ④ The snowman was melted.

（非対格動詞　受身文：使役主有り）

(21) ⑤ *She was cried.　（非能格動詞　受身文：使役主無し）（非文）

(22) ⑥ She cried. （非能格動詞　S+V 文：使役主無し）

先に概観した先行研究を基に、以下の仮説を立てました。

①学習者は使役主が想定されない文脈よりも、想定される文脈において受動文を容認しやすいだろう。
②非能格動詞よりも非対格動詞において、受動文を容認しやすいだろう。

4.2　グループ別結果

まず全体の結果について見てみます。分析には、二元配置の分散分析（反復測定）を用いました。その結果、実験参加者間、構文間に有意な差が見られました（$F(1,36)=15.274$、$p<.001$、$F(5,180)=60.762$、$p<.001$）。また実験参加者と構文間の交互作用にも有意な差が見られました（$F(5,180)=18.880$、$p<.001$）。表3及び図1に動詞のグループ別、学習者レベル別の得点と標準偏差をまとめました。

表のうち②、③、⑤は用いられた文脈においては非文となるもので、正しく判断すれば、容認度は−2点となります。統計処理上、非文の得点については−2点は2点に、−1点は1点に、0点はそのまま0点に、1点は−1点に、2点は−2点に換算しています。そのため表3と図1においては、すべての動詞のグループにおいて、プラスの得点は文の容認度を正しく判断していること、マイナスの得点は文の容認度を間違って判断していることを示しています。

例えば②のグループ（非対格動詞 S+V 使役主有り）は、中位のグループの得点がマイナスの値となっており、誤った判断をしていることが分かります。同様に、⑤のグループ（非能格動詞 受身文）についても、中位のグループの得点がマイナスとなっており、非能格動詞の受身文は間違いであるのに、それを正しい文であると解釈していることが分かります。

　文を正しく判断すると2点となりますが、その正答率が5割、つまり1を超えたものは④と⑥のグループであり、残りの①、②、③と⑤については、その平均値がそれぞれ、0.75、−0.12、−1.06、0.04となっており、判断が難しかったことが示されました。特にグループ③の、非対格動詞を使役主のいない文脈で受身文で用いられた構文についてはその得点がマイナスとなっており、誤って、正しい文であると容認してしまう傾向が顕著に表れました。

表3　学習者、動詞グループ別文容認度の得点と標準偏差

動詞グループ	学習者	得点 （2点満点）	標準偏差	人数
①非対格動詞 S+V　使役主無し	中位	1.18	0.64	19
	下位	0.33	0.99	19
	平均	0.75	0.93	38
＊②非対格動詞 S+V　使役主有り （非文）	中位	-0.83	0.73	19
	下位	0.61	0.96	19
	平均	-0.12	1.11	38
＊③非対格動詞 受身文　使役主無し （非文）	中位	-1.18	0.59	19
	下位	-0.93	0.71	19
	平均	-1.06	0.65	38
④非対格動詞 受身文　使役主有り	中位	1.14	0.52	19
	下位	1.08	0.50	19
	平均	1.11	0.50	38
＊⑤非能格動詞 受身文　（非文）	中位	-0.80	0.72	19
	下位	0.88	0.65	19
	平均	0.04	1.09	38
⑥非能格動詞 S+V 文	中位	1.34	0.46	19
	下位	1.20	0.76	19
	平均	1.27	0.62	38

実験グループ別に結果を見てみると、中位レベルの学生は、使役主が無い文脈で用いられた S+V 文（グループ①）を正しい文であると判断しましたが、使役主がいる文脈で用いられた S+V 文（グループ②）については、間違っていると判断することはできませんでした。言い換えると、文脈の影響を受けずに S+V 文を容認した結果となりました。

　下位の学習者については、グループ①は使役主の存在を示さない文脈で用いられている S+V 文なので、正しい文と容認されるはずでしたが、その容認度は低いものとなりました（平均値 0.33）。一方、グループ②の使役主の存在が想定される文脈で用いられた S+V 文についても強く間違いであると判断することはできず、平均点は低くなりました（平均値 0.61）。①と②の構文の得点を見ると、下位レベルの学生は使役主の存在を示す文脈の有無に関わらず、自動詞文について低い容認度を示していました。また①と②のグループ間には有意な差は見られませんでした。このことから、下位のレベルの学習者は自動詞文を文脈の影響なく、一様に避ける傾向があると言えます。

　これらの結果から、下位と中位の学習者の反応は大きく異なったと言えます。下位レベルの学習者の平均点が低いことから、この自動詞文に対して、十分な知識を有しているとは言えず不安定な状況であると考えられ、そのために文脈の影響が強く作用しなかったと言えるかもしれません。

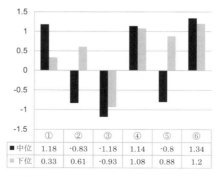

図1　学習者、動詞グループ別文容認度の得点

グループ③については、中位・下位両方のレベルにおいて誤った判断をしていることが分かります。つまり使役主が無い文脈で用いられた受身文を容認した結果となりました。一方、使役主がいる文脈で用いられた受身文（グループ④）については両グループとも正しい文であると容認していました。この結果から、学習者は文脈の影響を受けずに、自動詞・他動詞両方の用法を持つ非対格動詞については、受身文を好むという傾向が明らかになりました。③と④のグループ間には平均値に有意な差が見られませんでした。このことから使役主の存在の有無を示す文脈の影響は、受身文の容認において表れなかったと言え、一つ目の仮説は検証されませんでした。

　次にグループ⑤と⑥の非能格動詞については、中位・下位の両レベルにおいて、グループ⑥のS+V文を正しい文であると容認しています。しかし、グループ⑤の非文の受身文（e.g. *She was cried.）について見てみると、下位レベルの学習者は誤文であることを正しく認識していましたが、中位レベルの学生は誤った判断を下し、受身文を正しい文であると判断しました。この点で仮説の2つ目は下位のグループにおいてのみ確認できました。

4.3　語彙別結果

　ここでは学習上の問題の難しさが、語彙によって異なるかどうかを調べるために、用いられた動詞別の結果を分析します。以下、図2から図7で示している容認度の平均値は、先の表3と図1の提示の時に行ったデータの変換は行っておらず、得られた容認度をそのままにして挙げています。プラスの値は容認していることを、マイナスの値は容認していないことを示します。まずは、グループ①の非対格動詞のS+V文が、使役主を想定できない文脈で使われる場合について見てみます。

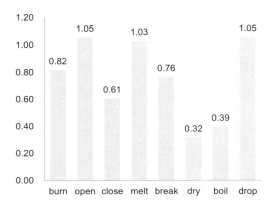

図2 ①非対格動詞（S+V　使役主無し）の容認度

　図2が示すように、すべての動詞についてその平均値がプラスとなっており、正しい文であると容認されたことが分かります。正しく容認した場合は2点となりますが、語彙別にみると dry (0.32)、boil (0.39)、close (0.61) については容認度が低くなっています。それぞれの語彙については、「タオルが乾いた」、「シチューが沸騰した」、「ドアが閉まった」ことを表す絵が使役主なしで描かれています。以下に（23）〜（25）として、用いた絵を挙げます。

（23）　The towel dried.

(24) The stew boiled.

(25) The door closed.

　他の語彙と比べて、絵の提示方法に違いはありませんが、これら3つの語彙で示される動作が、そもそも使役主の存在が無いと達成できない行為であると解釈された可能性もあります。「タオルが乾いた」、「シチューが沸騰した」という出来事は、「タオルを乾かす人」、「シチューを作る人」の存在を意識化させる程度が高いのかもしれません。これらの2つの語彙に比べて「ドアが閉まった」ことは使役主による行為との直接性がやや弱く、「自然にドアが閉まった」とみなされる度合いがやや強くなったと言えるのでしょう。

　次に、図3が示すのはグループ②の非対格動詞のS+V文が、使役主が存在する文脈で用いられている場合です。これらの動詞は自他両方の用法を持ちますが、使役主がいる文脈では受身文の方が自然です。そのためS+Vの自動詞文は容認されないと予測しました。しかし、マイナスの値

を示したのは break のみでした。ただし、melt を除いて他の動詞はその容認度がゼロに近い値を示していることから、間違いであると拒絶は出来ないが、容認するかどうか判断に迷っていたことを示しています。melt の文脈としては、「雪だるまが日光によって溶けた」状態（例文（18）を参照）を与えましたが、日光を使役主とはみなさず、「雪だるまが日光によって自然に溶けた」と理解し、自動詞文の方が受動文より適切であると解釈されたのかもしれません。

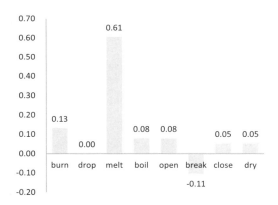

図３　＊②非対格動詞（S+V 使役主有り）（非文）の容認度

次の図４はグループ③についてです。使役主のいない文脈で非対格動詞の受身文が、使われているケースです。この文脈では受身文は非文となるので、文の容認度は正しく判断されれば－２となります。しかしながら図４が示すように、すべての語彙についてプラスの値を示しており、文脈の影響を受けずに受身文を正しい文であると判断したことが分かります。

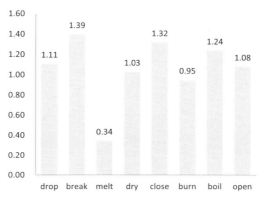

図4 ＊③非対格動詞（受身文 使役主無し）（非文）の容認度

　唯一例外として、meltについては受身文の容認度が低くなっています。ここで与えられた絵は「人が持っているアイスクリームが溶けた」事を示すものです（例文（19）を参照）。その絵に使役主は出ていなかったのですが、他の語彙についても同様に使役主は描かれていないので、その点で特にmeltについて異なる文脈であったとは言い難いと思われます。

　先に見たグループ②のmeltの絵は「太陽が雪だるまを溶かした」事を示していました。この場合も学習者には使役主がいないと解釈され、その結果受身文の容認度が低くなったと思われます。これら2つの異なる状況で用いられたmeltは、どちらの場合においても、他の語彙と異なり受身文より自動詞文を好む傾向が表れたと言えます。

　以下の図5は、グループ④の非対格動詞の受身文が、使役主の想定できる文脈で使われている場合で、正しい文です。図5から分かるように、meltを除くすべての動詞について、その平均値がプラスの値を示しており、正しく容認していることが分かります。meltについては、先に見たグループ②の「雪だるまの絵」（例文（18）を参照）と同じですが、②の結果と同様に④のグループの結果においても、受動文を好まないという結果になりました。

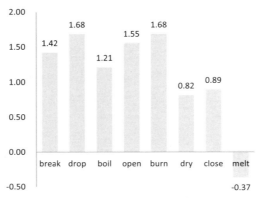

図5 ④非対格動詞（受身文 使役主有り）の容認度

　図6はグループ⑤についての結果です。このグループは非能格動詞が受身文で用いられた場合で、非文となります。図6から、cryを除いた動詞については、容認度がマイナスの値を示しており、正しく文の判断をしていることが分かります。このcryの結果については、使役主の影響の有無というよりも、「子供に泣かれる」といった日本語の「迷惑受身」の影響の方が強く表れたのではないかと考えられます。

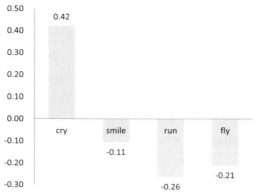

図6　＊⑤非能格動詞　受身文（非文）の容認度

最後のグループ⑥は非能格動詞が S+V 文で用いられる状況です。図7が示すように、学習者は正しくこれらの文を容認しています。

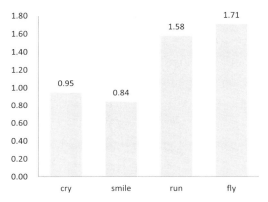

図7　⑥非能格動詞　S+V 文の容認度

⑤と⑥の結果から非能格動詞についてまとめると、cry が日本語の影響から受身化の誤用を容認する傾向が示されましたが、その他の語彙については正しく容認していることが分かり、非対格動詞に比べ非能格動詞については受身化を好む傾向は表れなかったと言えます。この点で仮説の2つ目は、cry 以外の動詞については検証されました。先に見た全体的な結果では、仮説は下位グループにおいてのみ確かめられたことを述べましたが、この結果は、中位グループが cry の受動文を正しいと判断したことが原因だったことが分かりました。

4.4　考察

結果をまとめると以下のようになります。
（1）　グループ①と②のテスト文の結果から、中位レベルの学習者は、自動詞の文脈で用いられた非対格動詞の S+V 文を正しいと容認しましたが、使役主のいる文脈で用いられた S+V 文についても正し

い文であると容認しました。一方、下位レベルの学習者は文脈の違いに関わらず S+V 文を容認する度合いが非常に低く、この文を避ける傾向が見られました。中位レベルの学生が S+V 文を文脈に関わらず容認する傾向とは逆の現象となりました。

（２）　グループ③と④のテスト文の結果から、１つ目の仮説は検証されませんでした。使役主の存在を示す絵の有無と受動文の容認度には関係が見られず、学習者は使役主の有無に関わらず受動文を容認しました。絵で示された状況が影響を与えなかったという意味で、Ju（2000）とは異なる結果となりました。

（３）　グループ⑤と⑥のテスト文の結果から、下位レベル学習者は、正確に自動詞文を容認し、受身文を誤用であると判断しました。しかし中位レベルの学習者は、誤用である受身文を正しく判断できませんでした。この結果から、２つ目の仮説の「学習者は非能格動詞よりも、非対格動詞の方が受動化された文を容認しやすい」傾向は下位レベルの学習者においてのみ検証できました。ただし語彙別分析をした結果、この点が cry についてのみ見られる現象であることが分かりました。

（４）　語彙別分析から、melt については受動文を受け入れにくい傾向が、文脈の使役主の有無に関わらず表れました。実験デザインにおいて、検討すべき課題であると思われます。

4.5　まとめ

　今回の実験では２つの仮説を設定し、その検証を行いました。その際に語彙的な問題があることも分かりました。例えば、melt についてはなぜ受身文より自動詞文が好まれたのか、close、dry、boil は、自動詞文の容

認度が他の語彙に比べて低くなった点などを今後詳しく見ていく必要があります。

　この語彙の問題については、先行研究のJu（2000）では、用いた13の語彙のうちcloseは受身文の誤用が一番多くみられ、dryは4番目に多いという結果が出ています。Ju（2000）の実験参加者は、中国人学習者で、与えられた文脈で自動詞文と受身文のどちらが適切かを選ばせるテストを受けました。受動文を選んだと言うことは自動詞文を避けたと解釈されるので、close、dryは日本語学習者だけでなく自動詞文の容認が難しいのかもしれません。Kondo（2005）では、freeze、close、dryについて日本人学習者とスペイン語学習者両方のグループが、自動詞文を避けて受身文を選んだとしています。母語によらない結果であると考えられますが、先にみたJu（2000）の主張する「出来事が引き起こされる際の直接性の程度」を示す結果と考えられるかもしれません。

5．Ju（2000）の追実験

　この実験の目的は、Ju（2000）の追実験を行い、その結果が日本人学習者にも同様に得られるかどうかを検証することです。用いる実験手法と語彙は、Ju（2000）と同様です。先に見たように、Ju（2000）では非対格動詞で受身化が起こる原因として、文が用いられる文脈において、受身を引き起こす使役主の存在が大きな影響を与えているのではないかという点を挙げています。例えば、「ドアが閉まった」という文を考える際に、「勝手に閉まった」という場合もあれば、「誰かが閉めたので閉まった」という場合もあるでしょう。例えば前者の場合には、ドアを閉めた人（使役主）の存在が感じられませんが、後者の状況では、ドアを閉めた人（使役主）がいると考えられ、その結果「ドアは（使役主によって）閉められた」と解釈され、学習者は受身文を用いてしまうと考えたのです。

　Ju（2000）はこうした使役主の存在が想定されやすい文脈を「外発的文脈」、想定されにくい文脈を「内発的文脈」と呼んでいます。そしてその２つの文脈の違いが、受動文の選択にどのように影響し合っているのかを調べました。その対象は中国語母語話者でしたので、今回は日本人英語学習者を用いて同じ結果が現れるかどうかを調べてみることにしました。

5．1　仮説と実験参加者
　研究仮説として、以下の２点を設定しました。
①内発的原因を示す文脈より、外発的原因を示す文脈において、非対格動詞の受身文が選ばれやすいだろう。
②この傾向は、２つの非対格動詞のグループ（自他両用・自動詞のみ）、語彙、学習者のレベル間で違いが見られるだろう。

実験参加者は、日本人英語学習者 61 名です。それぞれのグループをTOEIC の点数により上位と下位の 2 つのグループに分けました。各グループの TOEIC の平均点と標準偏差（SD）は以下の通りです。

　上位 32 名（TOEIC 平均 597.53、SD 22.49）
　下位 29 名（TOEIC 平均 465.79、SD 31.73）

　実験では、まず受身文について十分な知識を有しているかどうかを見るために、テスト文のうち、一般的な他動詞の受身文について、18 の文のうち 15 以上正答があった参加者を、本実験の分析データとしました。結果的にすべての参加者がそのまま実験に参加しました。

5.2　テスト文

　用いたテスト文は、Ju（2000）と同じです。（1）非対格動詞（自他交替を許すタイプ）、（2）非対格動詞（自動詞のみの用法）、（3）非対格動詞以外の一般的な他動詞の 3 種類の動詞を用いて行いました。それぞれの動詞で用いられた語彙は以下のものです。

（1）タイプ①　非対格動詞　（自他交替を許すタイプ）13 種類　（受身文が
　　誤用）
　（bounce, break, change, close, decrease drop, dry, freeze, grow, melt, roll, sink, turn）
　これら 13 の語彙を外発的文脈と内発的文脈の 2 つの文脈（externally/internally caused）で用い、全部で 26 の文（13x2）を提示しました。具体的な例を次に示します。
　以下のテスト文は、すべて Ju（2000）からの引用です。

テスト文の例

 (26) I boiled the soup. (externally caused)
   The taste of the soup (changed / was changed) slowly.

 (27) The soup was not kept in the refrigerator. (internally caused)
   The taste of the soup (changed / was changed) slowly.

（２）タイプ② 非対格動詞（自動詞のみの用法）　５種類（受身文が誤用）
 （appear, die, disappear, emerge, vanish）

これらも、外発的文脈と内発的文脈の２つの文脈（externally/internally caused）で用い、10の文（5 x 2）を提示しました。

テスト文の例

 (28) The little boy tried to pull his toy house out of the sand.
               (externally caused)
   The house (appeared/was appeared) slowly.

 (29) The fog cleared. (internally caused)
   The house (appeared/was appeared) slowly.

（３）タイプ③　非対格動詞以外の一般的な他動詞　18種類（受動文が正用）

テスト文の例

 (30) Tom finished writing the book.
   It (published/was published) immediately.

 (31) A driver offered the traveler a ride.
   The offer (accepted/was accepted) quickly.

5.3 結果

 先の Ju（2000）の先行研究を見た時に述べましたが、すべての文において、能動文が正しい文で、受動文を選んだ場合は誤りであるとしました。そして、誤りの度合いをみるために、受動文を選んだ場合を1点として得点化しました。

 得られた結果を、二元配置の分散分析（反復測定））を用いて分析しました。その結果、動詞と文脈の4つのタイプ（自他両用・外発的文脈、自他両用・内発的文脈、自動詞のみ・外発的文脈、自動詞のみ・内発的文脈）の間に有意な差が見られました（$F(3, 177)=36.124$, $p<.001$）。一方、学習者のレベル間には、有意な差は見られませんでした（$F(1, 59)=.747$, $p=.391$）。また交互作用についても、有意な差は見られませんでした（$F(3, 177)=.092$, $p=.922$）。結果を表4にまとめます。

表4　実験結果

動詞	文脈	文の数	平均誤答		誤答%	
			上位	下位	上位	下位
自他両用	外発的	13	4.43	4.93	34.08	37.92
自他両用	内発的	13	1.75	2.38	13.46	18.31
自動詞のみ	外発的	5	2.31	2.38	46.20	47.60
自動詞のみ	内発的	5	0.87	1.03	17.40	20.60

この結果を図にしたものが図8です。

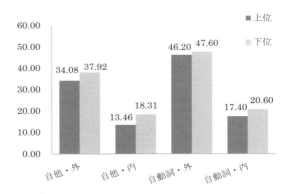

図8　動詞、文脈、学習者別受身文選択率（%）

5.3.1　動詞のグループ別結果

　では、動詞のグループごとに結果を考えてみましょう。まず、①自他両用の動詞について図9にまとめました。これをみると、内発的文脈より外発的文脈において、受身文がより多く選ばれていることが分かります。

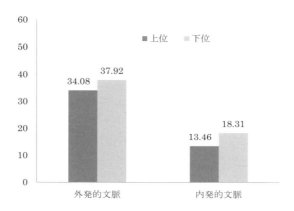

図9　文脈別、学習者別受身文選択率（%）（自他両用）

では、次に自動詞のみの用法のグループの結果を図10に挙げます。

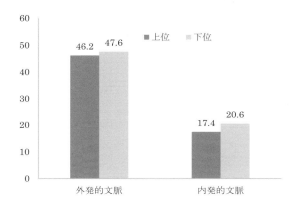

図10 文脈別、学習者別受身文選択率（％）（自動詞のみ）

自他両用のグループと同じように、自動詞のみの用法のグループにおいても、外発的文脈において受身文が多く選ばれていることが分かります。

これらの結果をまとめると、上位グループ、下位グループともに内発的文脈よりも外発的文脈において受身文を選ぶ傾向が表れました。そしてこの傾向は自動詞のみのグループ（$p<.001$）、自他両用のグループ（$p<.001$）のどちらの動詞のグループにも現れ、文脈間に有意な差が見られました。この結果により、仮説の一つ目である、外発的文脈の影響を学習者は受け、受身文を選ぶ傾向にあるということが確かめられました。

5.3.2 文脈別結果

それでは、次に文脈別に結果を見てみましょう。図11は外発的文脈で用いられた2つの動詞のグループについて、その受身文の選択率を学習者レベル別に示しています。上位、下位どちらの学習者も、自動詞のみのグループにおいて、より受動文を好む傾向が見られます。そして、自他両用

のグループと自動詞のみのグループ間で有意な差が見られました（p<.01）。

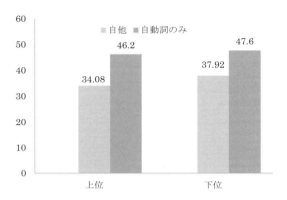

図 11　動詞グループ、学習者別受身文選択率（％）（外発的文脈）

では次に、内発的文脈の場合を見てみましょう。図 12 から分かるように、外発的文脈と同じように、やはり自動詞のみのグループにおいて、受動文を選ぶ傾向が出ています。

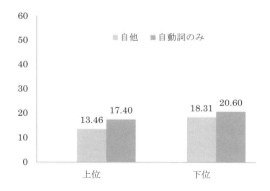

図 12　動詞グループ別、学習者別受身文選択率（％）（内発的文脈）

以上の結果をまとめてみると、上位、下位ともに、また外発的文脈、内発的文脈共に、自動詞のみのグループの方が、自他両用のグループより、受動文を選ぶ傾向が高くなりました。特に外発的文脈においては、両動詞グループ間で有意な差が見られました（$p<.01$）。このことから、仮説の2つ目である動詞グループ間の違いは、外発的文脈において見られることが検証されました。

5.4　まとめ
　ではこれらの結果を、設定した仮説の観点からまとめてみましょう。
1．文脈（外発的・内発的）の違いが見られた。使役主（原因）が想定される外発的文脈において、受動文がより多く選ばれる傾向が見られた。よって仮説の一つ目は検証できた。
2．非対格動詞のグループ（自他両用・自動詞のみ）間で違いが見られた。自動詞のみのグループの場合に、外発的文脈において特に受動文がより多く選ばれる傾向が見られた。よって仮説の二つ目は検証出来た。
3．学習者のレベル（上位・下位）間の違いは見られなかった。よって仮説とは異なる結果となった。

これらの結果のうち、まだ検証されていない仮説が一つあります。それは語彙間において、受動文が選択される度合いが異なるかどうかという点です。では、次節でそのことを見てみましょう。まず5．5で自他両用の動詞のグループを、5．6で自動詞のみのグループを順に見ることにします。

5.5　語彙別分析（自他両用）
5.5.1　上位学習者
　表5は、文脈別に、それぞれの語彙の受身文を選んだ上位学習者の人数とその割合を表したものです。

表5 語彙別分析：受身文選択人数・％（自他両用）（上位学習者）

動詞	外発的文脈（人数）	外発的文脈（％）	内発的文脈（人数）	内発的文脈（％）
bounce	8	25.00	1	3.13
break	22	68.75	19	59.38
change	5	15.63	3	9.38
close	21	65.63	6	18.75
decrease	4	12.50	2	6.25
drop	11	34.38	1	3.13
dry	23	71.88	8	25.00
freeze	8	25.00	3	9.38
grow	5	15.63	1	3.13
melt	16	50.00	2	6.25
roll	11	34.38	6	18.75
sink	2	6.25	3	9.38
turn	6	18.75	1	3.13

これらの動詞は自他両用に使われる語彙ですが、受動文の選ばれやすさが語彙ごとに異なることが分かります。図13は受身文が選ばれた割合を、外発的文脈での頻度を基に、多い順に並べ替えたものです。

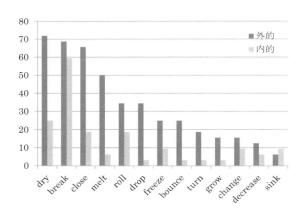

図13 語彙別分析：受身文選択率（％）（自他両用：上位）

図13をみると、外発的文脈において dry（71.88%）、break（68.75%）、close（65.63%）、melt（50.00%）の順に受身が選ばれやすいことが分かります。さて、この結果を Ju（2000）と比べてみましょう。表6は外発的文脈における今回の調査と Ju（2000）との結果を並べたものです。表の2列目には、上位学習者32名が外発的文脈において受動文を選んだ人数を多い順に並べてあります。Ju（2000）では実験参加者は31名と1名の差がありますが比較はできると思います。

表6　外発的文脈における上位学習者の受身文選択人数・%（人数順）
　　　（Ju2000 との比較）

動詞 （自他両用）	外発的文脈：上位 （32人中）	外発的文脈：上位 （%）	Ju（2000）外発的 文脈（31人中）
dry	23	71.88	16
break	22	68.75	20
close	21	65.63	25
melt	16	50.0	16
roll	11	34.38	12
drop	11	34.38	16
bounce	8	25.00	14
freeze	8	25.00	18
turn	6	18.75	8
change	5	15.63	10
grow	5	15.63	4
decrease	4	12.50	4
sink	2	6.25	6

表をみると、Ju（2000）では受身文が選ばれた語彙は、close（25/31人）、break（20/31人）、freeze（18/31人）、dry（16/31人）、melt（16/31人）の順に多いことが分かります。Freeze を除いて、ほぼ同様の傾向が現れました。ちなみに、Ju(2000)を一部修正して、追実験を行ったKondo(2005)の結果を見ると、調べた6つの語彙（change, melt, close, dry, collapse, freeze）について、日本人学習者は、freeze（4/11人）、dry（3/11人）、

close（3/11人）、collapse（3/11人）の順に受動文を選び、スペイン人学習者は、close（5/11人）、freeze（3/11人）、dry（3/11人）、collapse（2/11人）の順に受動文を選んでいました。Collapse は今回の調査対象に入れていませんが、これらの結果をみると、break、close、dry は母語に関わらず英語学習者が受身を選びやすい傾向にあることが分かります。

　他方、受身化されにくい語彙として、turn（18.75％）、change（15.63％）、grow（15.63％）、decrease（12.50％）、sink（6.25％）が挙げられます。この結果は、Ju（2000）でもこれらの語彙が受動化されにくい語彙となりました。

　何故そうなるのかを考えてみると、例えば、grow 等は「原因（使役主）」と「結果」との直接性が close、break 等に比べると弱いのではないかと思われます。この点については、先に見た Ju（2000）の「出来事が引き起こされる際の直接性の程度が異なる」という説明が当てはまると思われます。確かに意識的に成長させようと思っても、それがすぐに対象に伝わって、その結果として成長する様子を見ることはできませんね。ドアを閉めれば、すぐに閉まると言う状況とは異なると思われます。こうした観点が、学習者には無意識かもしれませんが、働いているのかもしれません。

5.5.2　下位学習者

　次に下位の学習者グループについて、見てみます。表7は、先にみた上位グループと同様に、文脈別に受身文を選んだ下位の学習者の人数とその割合を語彙毎に表したものです。

表7　語彙別分析：受身文選択人数・％（自他両用）（下位学習者）

動詞	外発的文脈（人数）	外発的文脈（％）	内発的文脈（人数）	内発的文脈（％）
bounce	7	24.14	2	6.90
break	20	68.97	13	44.83
change	7	24.14	9	31.03
close	18	62.07	6	20.69
decrease	6	20.69	6	20.69
drop	15	51.72	1	3.45
dry	19	65.52	12	41.38
freeze	18	62.07	9	31.03
grow	8	27.59	2	6.90
melt	10	34.48	6	20.69
roll	9	31.03	1	3.45
sink	1	3.45	2	6.90
turn	5	17.24	0	0.00

次の表8及び図14は受身文が選ばれた割合を外発的文脈での頻度を基に、多い順に並べ替えたものです。

表8　語彙別分析：受身文選択人数・％（自他両用：下位学習者）

動詞	外発的文脈（人数）	外発的文脈（％）	内発的文脈（人数）	内発的文脈（％）
break	20	68.97	13	44.83
dry	19	65.52	12	41.38
close	18	62.07	6	20.69
freeze	18	62.07	9	31.03
drop	15	51.72	1	3.45
melt	10	34.48	6	20.69
roll	9	31.03	1	3.45
grow	8	27.59	2	6.90
bounce	7	24.14	2	6.90
change	7	24.14	9	31.03
decrease	6	20.69	6	20.69
turn	5	17.24	0	0.00
sink	1	3.45	2	6.90

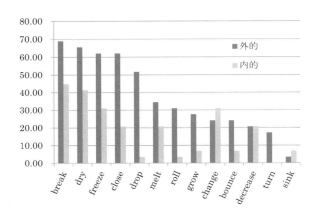

図 14 語彙別分析:受身文選択率(%)(自他両用:下位)

結果をみると、外発的文脈において break (68.97%)、dry (65.52%)、close (62.07%)、freeze (62.07%)、drop (51.72%) の順に受身文が多く選ばれていることが分かります。先にみた上位レベルの結果では、dry (71.88%)、break (68.75%)、close (65.63%)、melt (50.0%) の順でしたが、dry、break、close はどちらのグループも受身を選ぶ傾向が現れました。そしてこの結果は、Ju (2000) の結果とも一致していました。

5.5.3 外発的文脈に見られた学習者グループ間の違い

さて、表5と表8を見ると、学習者グループ間での違いに気付きます。例えば freeze については、下位の学習者はその 62.07%が受身文を選んでいますが、上位学習者は 25%と差が現れました。では freeze が用いられた文脈を以下に見てみましょう。

(32) 内発的文脈

Last night was very cold.

The water (froze /was frozen) quickly.

(33) 外発的文脈

I lowered the temperature of the refrigerator.

The water (froze /was frozen) quickly.

内発的文脈では、「昨夜寒かったこと」、外発的文脈では「冷蔵庫の温度を下げた」ことがそれぞれ表されています。(33) の外発的文脈では使役主の存在が明らかに示されています。この影響を受けて下位の学習者は受動文を選んだと考えられますが、上位学習者にはこの特徴は強くは現れませんでした。

同様に drop についても、下位の学習者は 51.72％ が受身文を選んでいますが、上位学習者は 34.38％ と差が現れました。文脈を以下に挙げます。

(34) 内発的文脈

Fall was sunny and warm.

The apples (dropped /were dropped) heavily to the ground.

(35) 外発的文脈

She knocked over the basket by accident.

The apples (dropped /were dropped) heavily to the ground.

内発的文脈では、「秋は天候もよく暖かかった」こと、外発的文脈では「かごをうっかりひっくり返してしまった」ことがそれぞれ表されています。使役主の存在が (35) の外発的文脈では明らかに示されています。この影響を受けて下位学習者は受動文を選んだと考えられます。しかしながら同様の傾向は上位学習者には見られませんでした。

一方、上位学習者が外発的文脈で、下位学習者よりも多く受身文を選ん

だ文脈を見てみましょう。例えば melt については、上位の学習者はその50％が受身文を選んでいます。下位学習者は 34.48％でした。

(36)　内発的文脈
　　　The weather became mild.
　　　The snow（melted/was melted）quickly.

(37)　外発的文脈
　　　I came closer to the heater.
　　　The snow（melted/was melted）quickly

内発的文脈では、「天候が穏やかになった」こと、外発的文脈では「ヒーターの方へ近づいた」ことがそれぞれ表されています。使役主の存在が（37）の外発的文脈では明らかに示されています。この影響を受けて上位学習者は受動文を選んだと考えられます。一方、下位学習者には同様の傾向は見られませんでした。

　使役主の存在の要因が、学習者のレベルによってこのように違いが見られましたが、全体としては、学習者間に受動化の程度の違いは見られなかった事を考え合わせると、やはり文脈において使役主の存在をどの程度認識するかについては、Ju（2000）が述べたように解釈する側の問題であるとも言え、測定の方法の難しさがあると感じられます。

5.5.4　内発的文脈で見られた学習者グループ間の違い

　今度は外発的文脈よりも内発的文脈において、受身文がより多く選ばれた例を見てみます。下位学習者の change と上位、下位両方の学習者の sink の結果にその傾向が見られます。Sink については、選択率は非常に低いものとなっていますが、change は 31.03％となりました。ではどのような文脈で用いられたのか見てみましょう。

外発的文脈

(38) I boiled the soup.

The taste of the soup (changed / was changed) slowly.

内発的文脈

(39) The soup was not kept in the refrigerator.

The taste of the soup (changed / was changed) slowly.

(38)では、「私がスープを炊き込んだためにその味が変わった」という文脈ですが、(39)では、「スープを冷蔵庫に入れておかなかったために、その味が変わった」という文脈です。使役主の存在をより強く感じるのは(38)の方だと予測されたのですが、結果はそうではありませんでした。

また、外発的文脈と内発的文脈の差が見られなかったケースもありました。例えば、下位学習者のdecreaseがそれにあたります。以下にテスト文を見てみましょう。

外発的文脈

(40) He made a hole at the bottom of the water bottle.

The water level (decreased/was decreased) gradually.

内発的文脈

(41) It didn't rain for a long time.

The water level (decreased/was decreased) gradually.

(40)では、「水筒の底に穴をあけたので、水位が徐々に下がった」と解釈されます。一方(41)では、「雨が降らなかったために、水位が徐々に下がった」と解釈されます。つまり(40)では水筒の底に穴をあけた使役主の存在が感じられます。しかしながら、そうした使役主の存在は、受

身文を用いて表現しようと、下位学習者が思うほどは強く意識されなかったと考えられます。

5.5.5 受身化の誤用が少ない語彙

まず下位学習者については、bounce（24.14％）、change（24.14％）、decrease（20.69％）、turn（17.24％）、sink（3.45％）に受身化の誤用が少ないという傾向が表れました。一方、上位学習者は、turn（18.75％）、change（15.63％）、grow（15.63％）、decrease（15.50％）、sink（6.25％）の順となりました。どちらのグループも、turn、change、decrease、sink は受動化されにくい傾向にあることが分かります。この結果は Ju（2000）の結果とほぼ同様でした。

これらの動詞について考えてみると、動詞によって引き起こされる「状態変化」に外的な要因、つまり使役主の存在が薄いと捉えられているように感じます。特に grow については、5.5.1 で見たように意図的に何かを成長させようとしても使役主の意志どおりにはならないですね。こうした要因が関わっていると考えられます。

5.5.6 まとめ

以上の結果をまとめてみると、次のようになるでしょう。

① 語彙間において、受動文の選択に違いが見られた。
② break、close、dry の受身化の誤用が上位、下位ともに多かった。一方 turn、change、decrease、sink については、誤用は少なかった。こうした傾向は先行研究の結果とほぼよく似た傾向を示した。
③ グループ間において、文脈の捉え方に違いが見られた。

5.6 語彙別分析（自動詞のみ）
5.6.1 上位学習者

それでは、次に自動詞のみの動詞のグループについて見ていきます。まずは上位の学習者の結果を表9、図15に示します。Emerge以外の動詞はすべて外発的文脈において受動文を選ぶ傾向が示されています。

表9　語彙別分析：受身文選択人数・％（自動詞のみ）（上位学習者）

動詞	外発的文脈（人数）	外発的文脈（％）	内発的文脈（人数）	内発的文脈（％）
appear	15	46.88	1	3.13
die	18	56.25	5	15.63
disappear	15	46.88	5	15.63
emerge	8	25.00	12	37.50
vanish	18	56.25	5	15.63

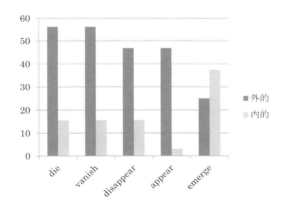

図15　受身文選択率（％）（語彙別）（自動詞のみ：上位）

5.6.2 下位学習者

同様に、下位の学習者の結果を表10および図16に示します。

表10 語彙別分析：受身文選択人数・％（自動詞のみ）（下位学習者）

動詞	外発的文脈（人数）	外発的文脈（％）	内発的文脈（人数）	内発的文脈（％）
appear	10	34.48	5	17.24
die	14	48.28	1	3.45
disappear	19	65.52	8	27.59
emerge	7	24.14	11	37.93
vanish	19	65.52	5	17.24

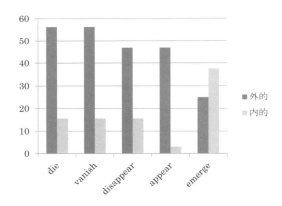

図16 語彙別分析：受身文選択率（％）（自動詞のみ）（下位学習者）

これらの結果をみると、下位学習者においても emerge の結果が仮説と異なり、内発的文脈において受身文が多く選ばれました。以下で emerge が使われた文脈を見てみましょう。

内発的文脈
　（44）　The police was searching for a jewelry box thrown into the river.
　　　　The box（emerged/was emerged）suddenly.

外発的文脈
 (45) The magician did a trick to a jewelry box hidden in his hat.
       The box (emerged/was emerged) suddenly.

(44) では、「警察は川に投げ入れられた宝石箱を探していた」という状況を、(45) では「手品師が帽子の中に隠した宝石箱に仕掛けをした」という状況を示し、テスト文ではそれぞれ「その箱が突然目の前に現れた」という結果を示しています。予測として、(44) では suddenly という語から、警官が意図的にその箱を探しだしたというニュアンスは弱く、(45) で示された、手品で箱を目の前に出した行為よりも、使役主の行為と結果の直接性が薄いと思われます。そのため、学習者は (45) の外発的文脈において受動文を選ぶと予測されましたが、結果は予測と異なりました。文脈の意図が十分には伝わらなかったと言えるかもしれません。

5.6.3 まとめ

自動詞のみのグループについては、上位、下位のどちらのグループも emerge 以外の動詞について、外発的文脈において受身の誤用が多く見られ、仮説通りの結果となりました。このグループにおいても、文脈の提示方法が難しいことが emerge の例から判明しました。

5.7 考察

本実験では、文脈、動詞のグループ、そして語彙間で違いが見られました。まず外発的文脈において受動化の誤用が起こりやすいことが確かめられました。この点は Ju (2000) の結果と一致しました。一方、Kondo (2005)、佐藤 (2013a) ではその事は確かめられませんでした。また非対格動詞の語彙の間にも違いが見られました。break、close、dry の受身化の誤用が上位、下位ともに多くなり、turn、change、decrease、sink については、誤用は少ないという結果となりました。こうした傾向は先行研究の結果と

ほぼよく似た傾向を示しました。この結果は、3.4で見たJu（2000）の主張のように、使役主（原因）とそれによって引き起こされる結果との関係性の強さを要因として挙げてよいと思われますが、turnやchangeなどが示す状態変化に、その関係性が弱いかというと、そうとも言えないと考えられ、まだ議論すべき点だと考えられます。

　また今回の結果では、外発的文脈で受身文を選ぶ傾向が、自他交替を許すグループより自動詞用法のみのグループに強く表れました。調べた語彙数が2つのグループで同じではなかったため、今後検証が必要であると思われます。また内発的文脈において受動化の誤用が多くなった点についても、文脈の違いを明確に示す工夫がやはり必要です。

6．まとめ

今回みた研究の結果を表11にまとめておきましょう。

表11　今回扱った研究の結果一覧

	文脈の種類	実験参加者	英語力レベル	文脈の影響	動詞のグループ間の違い
Ju (2000)	文	L1中国語35名	上級 TOEFL550-575	あり	なし
Kondo (2005)	文	L1日本語13名 L1スペイン語7名	初中級－最上級 中上級と上級 Oxford Placement Test	なし	スペイン人学習者は、自動詞用法のみのグループに受動化の誤用が多い。
佐藤 (2013a)	絵	L1日本語38名	316-425 TOEIC	なし	なし
Ju (2000) の追実験	文	L1日本語61名	465-597 TOEIC	あり	外発的文脈で自動詞用法のグループに受身化の誤用が多い

これまで、非対格動詞の受動化の問題を、語彙の観点から十分に議論されたものはあまりありません。その中で山川（2008）では、Yamakawa et al.（2007, 2008）の研究成果を紹介し、その習得順序について論じています。そしてその結果を Sorace（1993, 1997）が提案している非対格性の階層と比べ合わせています。山川らの分析には項目応答理論が用いられていて、実験で用いられた文法性判断テストで得られた結果を、困難度パラメーターにより示しています。そして個々の動詞の困難度をそのパラメーター

で比べると、break、grow、close、melt、dry の順に難しくなることがわかりました。自動詞のみのグループでは、arrive、die、exist、appear、fall の順に難易度が高くなりました。この結果のうち、今回の実験で扱った自他両方の動詞のグループに限って、比べてみましょう。以下の表12は2つの文脈の受動文の数を合算したものです（外発的文脈＋内発的文脈）。

表12　語彙別、学習者別受動文選択数（2つの文脈の合算）

動詞	外発的文脈と内発的文脈での受身文の合算数		
	下位	上位	合計
break	33	41	74
dry	31	31	62
freeze	27	11	38
close	24	27	51
melt	16	18	34
change	16	8	24
drop	16	12	28
decrease	12	6	18
roll	10	17	27
grow	10	6	16
bounce	9	9	18
turn	5	7	12
sink	3	5	8

表中の動詞の順序は下位学習者の受動文の数に基づいて並べています。網掛けをした語彙は誤用の多かったものと少なかったものを示しています。2つの学習者グループの結果を合計した一番右端の列の数をみると、誤用が多かった順に break、dry、close、freeze、melt となりました。一方少なかった語彙は、grow、turn、sink の順になりました。この結果は、ほぼ Ju（2000）と一致することになります。実験参加者の母語は同じではないので、母語の影響は表れていないと言えますが、中国語と日本語の母

語話者に限った結果なので、今後さらに調査が必要です。またその要因としてこれまで述べてきた「出来事が引き起こされる際の直接性の程度」と使役主との関わりについては、今後どのようにしたらそのことが検証されるのか、直接性ということをどういう基準でその段階性を決めることができるかを調べることが必要です。

　今回扱った非対格動詞は、一見するととても簡単な自動詞文で、学校文法でいえばまず始めの第一文型にあたります。でもなぜそれがこのように難しいと感じてしまうのか、非常に不思議な動詞であると言えます。今の段階では、英語を学ぶ人が、どういった順序でこうした構文を学んでいくのかがまだ見えていません。その過程が分かれば、どういった順で学んでいけばいいのかその方法も見えてくると思います。実験の方法も含めて今後さらに考えて行きたいと思っています。

参考資料（佐藤 2013a, pp.26-30 からの引用）

　次のそれぞれの文がどの程度正しいかどうかを絵を参考にして、次の２から－２の数字で（　）に書いて下さい。問題は順番にしてください。前のページに戻ることはしないでください。

　正しい　２　　どちらかと言えば正しい　１　　分からない　０
　どちらかと言えば正しくない　－１　　正しくない　－２

１．A plate was broken.

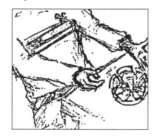

２．The paper burned.

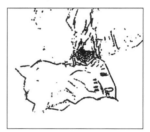

３．The jam bottle opened.

４．She cried.

5. A ring was dropped into the glass.

6. Mary smiled.

7. The door closed.

8. The snowman melted.

9. John ran.

10. The stew was boiled.

11. She was cried.

12. A plate broke.

13. The paper burned.

14. The big stone was dropped into the sea.

15. The jam bottle was opened.

16. The towel dried.

17. A plate was broken.

18. The paper was burned.

19. The towel was dried.

20. The stew boiled.

21. The bird was flown away.

22. A ring dropped into the glass.

23. The door was closed.

24. The snowman was melted.

25. The bird flew away.

26. The towel was dried.

27. The big stone dropped into the sea.

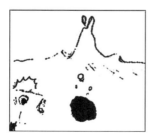

28. The door was closed.

29. The ice cream melted.

30. The stew boiled.

31. The jam bottle opened.

32. A plate broke.

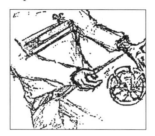

33. The door closed.

34. The paper was burned.

35. John was run.

36. The stew was boiled.

37. Mary was smiled.

38. The ice cream was melted.

39. The jam bottle was opened.

40. The towel dried.

参考文献

Baker, M. C. (1988). *Incorporation: A theory of grammatical function changing.* Chicago: University of Chicago Press.
Balcom, P. (1997). Why is this happened? Passive morphology and unaccusativity. *Second Language Research, 13*, 1-9.
Burzio, L. (1986). *Italian syntax: A government-binding approach.* Dodrecht: Reidel.
Hirakawa, M. (1995). L2 acquisition of English unaccusative constructions. *Proceedings of the 19th Annual Boston University Conference on Language Development* (pp.291-302). Mass: Cascadilla Press.
Hirakawa, M. (2000). *Unaccusativity in second language Japanese and English.* Ph.D. dissertation. McGill University.
Jackendoff, R. S. (1990). *Semantic structures.* Cambridge, MA: MIT Press.
Ju, M. K. (2000). Overpassivization errors by second language learners. *Studies in Second Language Acquisition, 22*, 85-111.
Kondo,T. (2005). Overpassivization in second language acquisition. *International Review of Applied Linguistics in Language Teaching, 43*, 129-161.
Levin, B. (1993). *English verb classes and alternations: A preliminary survey.* Chicago: University of Chicago Press.
Montrul, S. (2000). Transitivity alternations in L2 acquisition: Toward a modular view of transfer. *Studies in Second Language Acquisition, 22*, 229-273.
Montrul, S. (2001). First-language-constrained variability in the second language acquisition of argument-structure-changing morphology with causative verbs. *Second Language Research,17*, 144-194.
Oshita, H. (1997). *The unaccusative trap: L2 acquisition of English intransitive verb.* Ph.D. dissertation, University of Southern California.
Oshita, H. (2000). What is happened may not be what appears to be happening: A corpus study of 'passive' unaccusatives in L2 English. *Second Language Research, 16*, 293-324.

Oshita, H. (2001). The unaccusative trap in second language acquisition. *Studies in Second Language Acquisition, 23*, 279-304.

Perlmutter, D. M. (1978). Impersonal passives and the unaccusative hypothesis. *Proceedings of the Annual Meeting of the Berkeley Linguistics Society 4*, 157-189.

佐藤恭子(2009).「自他交替を許す非対格動詞の習得における母語とUGの影響」外国語教育メディア学会(LET)関西支部『研究集録』 第12号. 37-51.

佐藤恭子（2013a).「英語非対格動詞の受身化の誤用における文脈の影響について」追手門学院大学『英語文化学会論集』第22号, 11-30

佐藤恭子（2013b).「文脈における使役主（原因）の存在と非対格動詞の受身化の関係について」関西英語語法文法研究会第27回例会

Shibatani, M. (1990). *The languages of Japan*. Cambridge: Cambridge University Press.

Sorace, A. (1993). Incomplete vs. divergent representations of unaccusativity in non-native grammars of Italian. *Second Language Research, 9*, 22-47.

Sorace, A. (1997). Acquiring linking rules and argument structures in a second language. In L.Eubank, L. Selinker, & M. Sharwood Smith (Eds.), *The current state of interlanguage* (pp.153-175). Amsterdam: John Benjamins.

Sorace, A. (2000). Differential effects of attrition in the L1 syntax of near-native L2 speakers. In C. Howell, S. Fish, & T. Keith-Lucas (Eds.), *Proceedings of the 24th Annual Boston University Conference on Language Development* (pp.719-725). Somerville, MA: Cascadilla Press.

Yamakawa, K., Sugino, N., Ohba, H., Nakano, M., & Shimizu, Y. (2007). Variation in the acquisition of unaccusative verbs by Japanese EFL learners. *Proceedings of the 12th Conference of Pan-Pacific Association of Applied Linguistics. 134-137.* Retrieved from http://paaljapan.org/conference2007/PAAL2007_ProcWeb.pdf

Yamakawa, K., Sugino, N., Ohba, H., Nakano, M., & Shimizu, Y. (2008). Acquisition of English grammatical features by adult Japanese EFL learners: The application of Item Response Theory in SLA research. *Electronic Journal of Foreign Language Teaching (e-FLT), 5,* 13-40.

山川健一（2008).『英語の非対格動詞の第二言語習得』 安田女子大学言語文化研究所

山川健一・杉野直樹・木村真治・中野美知子・大場浩正・清水裕子．（2005).「日

本人英語学習者による非対格動詞と非能格動詞の習得」『大学英語教育学会中国・四国支部研究　紀要』第2号，91-110.

Yip, V. (1995). *Interlanguage and learnability*. Philadelphia, PA: John Benjamins.

Zobl, H. (1989). Canonical typological structures and ergativity in English L2 acquisition. In S. Gass & J. Schachter (Eds.), *Linguistic perspectives on second language acquisition* (pp. 203-221). Cambridge: Cambridge University Press.

著者略歴

佐藤　恭子（さとう　やすこ）

神戸大学教育学部卒業、神戸大学大学院教育学研究科（英語教育専攻）修士課程修了。英国レディング大学大学院博士課程修了。Ph.D. 専門は英語学、第二言語習得。神戸学院女子短期大学、プール学院短期大学、プール学院大学を経て、追手門学院大学国際教養学部英語コミュニケーション学科教授。著書として*Power Vocabulary*（英潮社フェニックス）（共著）、『英語心理動詞と非対格動詞の習得はなぜ難しいのか』（渓水社）（単著）、『英語学習者はe-learningをどう使っているのか』（渓水社）（共著）など。

非対格動詞の受動化の誤用はなぜ起こるのか
－*An accident was happened.*をめぐって－

平成27年3月10日　発　行

著　者　佐　藤　恭　子
発行所　株式会社　渓水社
　　　　広島市中区小町1-4（〒730-0041）
　　　　電話082-246-7909／FAX082-246-7876
　　　　e-mail: info@keisui.co.jp
　　　　URL: www.keisui.co.jp

ISBN978-4-86327-288-0 C1082
©2015 Printed in Japan

| 溪水社　好評既刊書 |

英語心理動詞と非対格動詞の習得はなぜ難しいのか
——動詞の項構造の習得をめぐって——

佐藤恭子著／Ａ５並製・88頁／1,500円（税別）
日本人英語学習者の心理動詞と非対格動詞習得の実態を、誤用例の紹介や学習の実験データによって究明。動詞の項構造の習得について実証的に解明する。

▼1　動詞の項構造の習得とは／2　心理動詞とは／3　心理形容詞／4　心理動詞と主語の有生性（animacy）／5　非対格動詞とは

英語学習者はe-learningをどう使っているのか
——自律学習におけるメタ認知ストラテジー能力の養成へ向けて——

佐藤恭子，権瞳，アラン・ベセット，有馬淑子著／Ａ５並製・76頁／1,500円（税別）
効果的なe-learningには何が必要なのか、そして学習が思うように進まない時にはどのような問題が関わっているのかを、学習者要因としての学習観（ビリーフ）と学習ストラテジー（学習方略）の調査により考察する。

▼1．学習ビリーフと学習ストラテジー／2．e-learningにおける学習行動／3．e-learningを心理学の立場から考える／4．英語学習および授業のためのウェブサイト／5．実践編